Manual
De Bolsillo
del Supervisor

Rafael Darío Sosa González

CONTENIDO

EL SUPERVISOR

El supervisor de vigilancia es la espina dorsal de todo el sistema. Por la continua actividad que cumple en el área de operación del servicio y por el contacto directo con el cuerpo de vigilantes y con el usuario, puede afirmarse que una gran parte del éxito o el fracaso de las compañías de vigilancia, depende de su gestión.

La función del supervisor es una función de mando. Mandar conlleva: dirigir, influir sobre las personas y establecer relaciones armónicas a fin de cumplir con la misión encomendada. Esta misión es la misma misión de la empresa. Allí radica la importancia de su papel.

Los supervisores han sido seleccionados o promovidos por razón de sus conocimientos técnicos y administrativos, por sus capacidades de liderazgo y por una hoja de vía plena de realizaciones positivas.

Una vez alcanzada esta posición, deben preocuparse por aprender a mandar y supervisar al personal que hace el trabajo de campo, para obtener así los objetivos señalados dentro de parámetros de eficiencia, oportunidad, respeto mutuo, confianza y amistad. Esta habilidad no es consanguínea, heredada, ni mucho menos innata. Debe aprenderse con dedicación, tenacidad, estudios y observación constante de los resultados. Es un aprendizaje duro que cuesta a veces algunas lágrimas de frustración.

Pero además de lo anterior, el supervisor debe poseer ciertas habilidades prácticas. Debe haber sido entrenado en manejo de personal pues es quien va a tratar con los vigilantes; debe tener buen conocimiento de armas, pues es quien hará la revisión de diaria del material: debe conocer las técnicas de la radio, pues durante la noche y en los festivos le corresponde supervigilar el funcionamiento central; pero ante todo debe poseer una excelente iniciativa, pues cuando el personal de la empresa abandona las oficinas al final de la jornada de trabajo, todas las operaciones quedan bajo su cuidado y responsabilidad y esto se prolonga muchísimo cuando al habitual fin de semana de sábado y domingo se suma un festivo más.

En estas circunstancias, el supervisor debe tener la capacidad de solucionar todos los problemas del personal, accidentes de tránsito, accidentes de trabajo, incumplimiento de turnos de trabajo, riesgo de incendio en las empresas usuarias, emergencias, visitas no anunciadas muertes de familiares de los vigilantes, amenazas contra la seguridad y, por lo general, atender oportunamente todas las situaciones que genera una actividad empresarial que, como la vigilancia, es complicada de manejar por la variedad de eventos que se presentan en un turno de trabajo.

SELECCIÓN DEL SUPÈRVISOR DE SEGURIDAD

Si hacer una selección adecuada para el cargo de vigilante es una tarea dispendiosa y difícil de ejecutar, cuando se trata de seleccionar a los supervisores la situación se complica un poco más sin embargo, dada su finalidad el proceso debe seguir los mismos pasos observados durante las etapas del proceso de selección de los vigilantes.

La selección del supervisor debe hacerse en forma personal, la verificación de antecedentes no debe limitarse a la simple llamada telefónica, sino que el jefe de personal o en su defecto el psicólogo tiene la obligación profesional de visitar a los referenciantes y a los antiguos empleadores. De estas entrevistas resultarán con toda seguridad nuevas personas que es necesario visitar.

La visita domiciliaria es un paso que no se

puede omitir en tratándose de seleccionar a un supervisor. La visita al lugar de residencia, la entrevista con los familiares, el conocimiento del vecindario. Una charla con el dueño de tienda de la esquina, el conocer la cantina más frecuentada, una audiencia con el sacerdote o pastor del lugar, una pasada rápida por el puesto de salud y por el puesto de policía, arrojarán muchas luces sobre la personalidad, el comportamiento y la conducta del futuro empleado.

FUNCIONES DEL SUPERVISOR

El supervisor es la piedra de toque de las operaciones de la empresa. El supervisor es la persona que se halla en contacto directo y permanente con los vigilantes. Es la persona que conoce y controla la ejecución de los planes de seguridad de cada puesto y por tanto, es quien mejor está en capacidad de guiar, orientar, corregir y estimular a los hombres.

El supervisor tiene toda la autoridad y el respaldo de la Empresa para cumplir con el objetivo de prestar un excelente servicio. Pero esto no es suficiente. El supervisor debe dar el ejemplo en toda ocasión de tiempo y lugar. Solamente así será respetado y sus órdenes serán cumplidas conscientemente y con toda satisfacción.

El supervisor es una persona revestida de autoridad. Esta autoridad proviene de tres vertientes.

a) Su calidad humana que lo debe llevar a convertirse en guía, orientador, ejemplo, compañero, jefe y ante todo amigo del vigilante.

b) Las funciones de mando y dirección que le han sido asignadas por la empresa por razón de su cargo.

c) El mayor o menor grado de delegación que le haya sido otorgado por el jefe de operaciones quien es su supervisor directo.

El supervisor ejerce su función en base a órdenes. La orden es la esencia de su trabajo. Una buena orden debe basarse en los siguientes conceptos:

UNA ORDEN CORRECTA DEBE SER

1. Clara, precisa y concisa
2. Breve, entendible y bien entendida
3. Lícita y de posible realización.
4. Ante todo, debe ser oportuna, y lo más importante verificar si se cumplió.

Las normas contenidas en este manual buscan orientar el trabajo de supervisión con el fin de lograr la prestación eficiente del servicio y brindar al usuario una excelente cobertura sobre las instalaciones y bienes puestos bajo el cuidado del vigilante. Estas normas tienen plena vigencia en cualquier lugar y circunstancia objeto del servicio y su estricta observancia permitirá al supervisor desempeñarse con eficiencia y profesionalismo.

2
FUNCIONES GENERALES

NORMAS DE DESEMPEÑO

01. Recibir el puesto por lo menos con 15 minutos de anticipación a la hora normal de ingreso con el fin de enterarse a cabalidad de las novedades ocurridas en el turno anterior.

02. Relevarse ante el jefe de operaciones.

03. Asistir al relevo debidamente uniformado.

04. En el momento del relevo informar todas las novedades.

05. Una vez relevado se dirige a la central para recibir información sobre:

✓ Instrucciones para el turno de vigilancia entrante

✓ Personal para transportar a los puestos

✓ Material de armamento para distribución.

✓ Documentación por entregar.

✓ Cartas de presentación de nuevo personal ante el usuario.

✓ Pasar revista de presentación del personal asignado al turno.

✓ Revisar el armamento y municiones y establecer las novedades.

- ✓ Registrar las novedades en el libro del supervisor.
- ✓ Firmar el libro de control de armamento y municiones.
- ✓ Informarse sobre la prioridad de entrega de la documentación.
- ✓ Revisar el estado de mantenimiento y aseo de la patrulla.
- ✓ Ordenar embarcar en forma discreta, ordenada y segura.
- ✓ Verificar el funcionamiento del radio y reportar su salida.
- ✓ Reportar por radio la llegada a cada puesto de vigilancia, las novedades encontradas y las soluciones o medidas tomadas.
- ✓ Ordenar al conductor mantenerse alerta y vigilante.
- ✓ Controlar que la velocidad del vehículo no sea superior a 60kph.

CONTACTOS CON EL USUARIO

Cada vez que lo considere conveniente o necesario, o cuando reciba la orden de la empresa entrará en contacto con el usuario para enterarse de sus recomendaciones, solicitudes, quejas o reclamos.

PRESENTACION DE NUEVOS VIGILANTES

a. Debe tener en cuenta que el envío de un vigilante nuevo requiere una carta de presentación de la empresa ante el usuario.

b. El supervisor solicitará la entrevista con el encargado de la seguridad para presentación. La copia debe ser firmada por el usuario y devuelta al departamento de operaciones.

c. Una vez cumplido lo anterior, procederá a instalar al vigilante en su puesto de trabajo. Le hará entrega de las consignas generales, le informará sobre las consignas propias del puesto, le abrirá el libro de minuta y le hará ver las obligaciones con la empresa y el usuario; además le indicará los riesgos o peligros del puesto y su vecindario.

INFORMES DE INFRACCION

Los informes por infracciones o fallas deben ser imparciales. El Supervisor debe limitarse a informar en forma clara los hechos sin añadir comentarios sobre responsabilidad.

Los informes deben ser claros, concisos, precisos y reales.

Todo informe debe responder a Quién- Qué-

Cómo-Cuándo-

Dónde-Por qué.

El informe debe ser leído en presencia del vigilante quien debe firmarlo y anotar sus acuerdos o desacuerdos. Un testigo deberá firmar para facilitar posteriores aclaraciones.

SINIESTROS Y CALAMIDADES

26. Con alguna frecuencia el supervisor debe atender casos de Siniestros naturales, artificiales y calamidades. Explosiones, incendios, terremotos, robos y atracos son de común ocurrencia.

27. En estos casos deberá informar de inmediato informar a la central y dirigirse a los puestos afectados.

28. Una vez conocida la realidad de los hechos procederá a informar a la central sobre el alcance del siniestro y las acciones tomadas

29. Cuando sea el caso debe informar y pedir apoyo a la autoridad.

30. Cuando se trate de robos o atracos se debe tener la

precaución

de no tocar nada en la escena del delito. Se llamará a las autoridades de policía.

ACCIDENTES DE TRANSITO

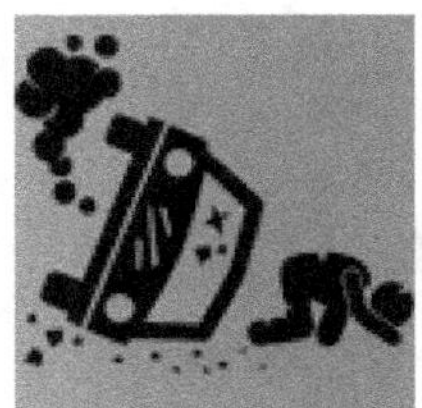

En caso de accidente de inmediato informar a la empresa y a las Autoridades de tránsito.

El vehículo no debe moverse hasta que no se haya elaborado el Croquis y el informe policial.

Elaborar el informe con destino al departamento de Operaciones.

INSPECCION DE LOS PUESTOS

Asegurarse que el vigilante conoce las consignas del puesto.

Inspeccionar la presentación personal y el porte del vigilante.

Inspeccionar el estado de orden, aseo y presentación del Puesto.

Verificar el cumplimiento de las consignas propias del Puesto.

Verificar el correcto registro en libro de minuta

Determinar los puntos críticos y hacerlos conocer del vigilante.

Hacer un breve estudio de riesgos del puesto y anotarlo en la Minuta.

Crear en el vigilante la necesidad de conocer la ubicación de puestos de policía y bomberos, y la de los vigilantes que prestan servicio en su vecindario para apoyarse mutuamente.

Instruir al vigilante sobre el respeto y cortesía que debe observar con el usuario.

Dentro de la inspección del puesto tomará nota del estado de las mallas, puertas, ventanas, cerraduras, iluminación, autorización de parqueo de vehículos, fallas de seguridad, problemas de control de personal y en general todo lo que pueda afectar el buen servicio. De esta inspección elaborará un informe con destino al departamento de operaciones.

Asignar al vigilante una tarea diaria de lectura y, ante todo un formador de vigilantes, debe imponerse en forma diaria una tarea, que pueda ser un tema específico para ayudar a sus hombres a cumplir su misión así:

TEMAS PARA CAPACITAR AL VIGILANTE EN EL PUESTO

LUNES: Aspectos técnicos de seguridad aplicables al puesto.

MARTES: La forma de comportarse cortés y profesionalmente.

MIERCOLES: La manera de contener o controlar las emociones.

JUEVES: La forma de manejar los problemas personales.

VIERNES: Las buenas relaciones con el usuario y empleados.

SABADO: Cómo mantener el buen estado físico y la salud.

DOMINGO: Técnicas para lograr una presentación impecable.

LUNES: Empleo del arma en casos de legítima defensa.

2
INSPECCION AL PUESTO DE VIGILANCIA

Área Personal

Diagnosticar con fines correctivos la forma como se presta el servicio a fin de mantener la imagen.

Se registró en la minuta la entrega y recibo del puesto?.

Estado físico y porte del vigilante.

Uso del uniforme

Revisión documento Identidad, credencial, salvoconducto arma.

Conocimiento de los directivos del usuario.

Sugerencias/ Reclamos del vigilante. Notas del supervisor.

Área de Operaciones

Diagnosticar con fines correctivos el conocimiento de las normas de operación.

- Conocimiento de las consignas generales y específicas.

- Forma como se llevan los documentos, registros y la minuta.

- Conocimiento del área de responsabilidad y puntos críticos.

- Conocimiento de los riesgos del puesto.

- Coordinación con los vigilantes vecinos.

- Medios de comunicación con la empresa y con el usuario.
- Conocimiento ubicación y teléfonos de la policía y bomberos.
- Control de acceso de empleados; visitantes y vehículos.
- Cuadro con las firmas autorizadas.
- Sugerencias/ Reclamos del vigilante Notas del supervisor

Área Administrativa

Diagnosticar con fines correctivos el estado y cuidado de los elementos y equipo del puesto.

- Recibo/ Acta del material recibido de almacén.
- Inventario de elementos suministrados por el usuario.
- Funcionamiento/ Estado de los servicios de agua, luz y teléfono del puesto de trabajo.
- Estado de orden y presentación del puesto y locker asignado.
- Estado de conservación de las prendas del uniforme. Gorra, chaqueta, camisa, corbata, pantalón. Medias, calzado, cinturón.
- Estado conservación del arma de dotación y de las municiones.
- Existencia suficiente de libros, formatos y

útiles de escritorio.

- Existencia suficiente de libros, formatos y útiles de escritorio.

- Estado y conservación del equipo de invierno.

- Sugerencias/Reclamos del vigilante. Notas del supervisor.

EVALUACION DEL DESEMPEÑO

Para evaluar al personal se debe conocer al evaluado, conocer el puesto de su actividad y las funciones que cumple en su tarea. La evaluación es fruto de la observación permanente. Nadie más aconsejable para realizar una buena evaluación de desempeño que el supervisor o inspector de vigilancia que se mantiene en contacto con sus hombres durante las 24 horas del turno de trabajo.

El objetivo la evaluación es analizar el comportamiento del vigilante, comparar su rendimiento con puestos similares y valorar sus esfuerzos de mejoramiento o acatamiento de las instrucciones con el fin de valorar su personalidad y sus condiciones como trabajador.

La evaluación tiene como finalidad motivar al personal, hacerlo participe de los esfuerzos de la empresa, conocer los problemas o conflictos internos que pesan sobre la vida del vigilante, orientarlo y guiarlo hacía su propia superación.

El supervisor debe basar su evaluación en la aplicación del método Efecto-Causa-Remedio. Para arreglar un problema no basta con eliminar los síntomas o los efectos; es necesario encontrar la verdadera causa de los problemas y eliminarla. Tan solo eliminando la causa se llega a una solución definitiva.

La evaluación busca también reforzar los aspectos positivos del hombre y corregir sus defectos mediante la orientación profesional.

QUEJAS Y RECLAMOS

Las quejas y reclamos de los vigilantes son algo de diaria ocurrencia y es un aspecto que deben saber manejar muy bien los supervisores para asegurar un clima laboral armonioso y no incurrir en errores que en la mayoría de los casos acarrean serios problemas para el supervisor, el vigilante y la empresa.

En cualquier actividad, y más aun tratándose de manejar un elemento de naturaleza voluble como es el hombre, es necesario observar un método para asegurar una acción efectiva que culmine en una decisión inteligente.

PASOS EN EL MANEJO DE LAS QUEJAS

INVESTIGUE los hechos para verificar la queja o reclamo

ESCUCHE atentamente a quien se queja o reclama.

Obtenga *INFORMACIÓN* relevante sobre el caso.

ASESÓRESE de un experto si fuere necesario.

Tome una *DECISIÓN* basada solo en los hechos

Suministre una *PRONTA RESPUESTA*

Lleve un *REGISTRO* del arreglo

Los supervisores deben manejar las quejas con base en el principio del efecto-causa-remedio.

El efecto o los síntomas es determinar la causa que motiva la queja. Si aplica el remedio al efecto la causa seguirá viva y tomará más fuerza. La calve está en establecer la causa. Si se acaba la causa el efecto desparecerá para siempre.

Durante el proceso es preciso insistir que por encima de todo el supervisor debe ser objetivo, imparcial y justo. Debe dejar de lado los sentimentalismos, las preferencias o favoritismo, lo importante es tener una claridad suficiente sobre los hechos que está juzgando.

El supervisor debe captar esencialmente el punto de vista de los  vigilantes y analizarlo con juicio y serenidad. Cuando los problemas se manejan de esta manera no debe sorprenderse si las quejas o reclamos resultan ser muy diferentes de lo que se veía a primera vista.

Para ser justos hay que estar dispuestos a aceptar las conclusiones lógicos, resultantes de los hechos. En algunas ocasiones, y teniendo en cuenta los antecedentes del reclamante, el supervisor tendrá que hacer algunas concesiones. No obstante si los hechos lo justifican tendrá que modificar sus opiniones para garantizar la justicia en sus decisiones

Si el supervisor descubre que ha cometido un error, debe admitirlo inmediatamente. Nadie espera que el supervisor tenga siempre la razón, pero los vigilantes esperan que sea sincero con ellos en todas las ocasiones, incluso si a veces eso significa que deba presentar una excusa.

La respuesta a las quejas y reclamos debe ser pronta. Algunas demandarán cierto tiempo para toma una decisión pero el supervisor debe hacer lo posible por darles una pronta solución. Cuando se demora la situación empeora. Los motivos de queja del vigilante seguirán fijos en su mente y tomarán mayor fuerza a medida que el tiempo transcurre.

Una queja no resuelta es como una manzana podrida en una canasta. El vigilante enojado, molesto e inconforme tenderá a que otros de sus compañeros pierdan la confianza en su supervisor.

El resentido, con razón o sin ella, hablará de sus motivos de queja o reclamo con los demás y si no se toma una acción correctiva, el descontentó puede generalizarse creando serios problemas.

QUEJAS MÁS COMUNES Y SUS CAUSAS APARENTES

RECLAMOS CAUSAS MÁS COMUNES

Salarios
No recibo lo que merezco.
Devengo menos que otros menos
preparados
Mi trabajo vale más de lo que me pagan.

Sistema de pago
La liquidación es muy complicada.
Pago.
Frecuentes errores en la liquidación.
Mucha demora en arreglarme la
Liquidación.

Supervisión

No le agrado a mi supervisor.

Mis errores se debe a que mi supervisor no me

 Explica claramente lo que debo hacer.

Operaciones

Hay demasiadas normas y consignas

Las órdenes no se dan con oportunidad.

Promoción

No hay posibilidad de un mejor puesto.

Promovieron a supervisor a otro vigilante

Con menores capacidades que las mías

Despido

La Compañía fue muy injusta

Estaban buscando una excusa para

Librarse de mí.

El puestos

Siempre me asigna el puesto malo

Me quieren sacar del turno nocturno

He solicitado cambio y se han hecho los Sordos.

Condiciones de Trabajo

No existen suficientes lockers para Guardar la ropa.

Es imposible tomar una ducha después Turno.

No deberían dejarme allí más de tres Meses

No hay transporte cuando uno sale de turno

LAS FALLAS
EL MAL DESEMPEÑO Y SUS CAUSAS

Las faltas más frecuentes que se presentan a diario en el servicio de vigilancia son:

 Dormir en el puesto

 Perdida del arma

 Relevos no autorizados

 Roces con el usuario

 Embriaguez

 Perdidas de munición

 Deficiente presentación

Hurto

- ✓ Ignorancia de Consignas
- ✓ Inconsciencia de riesgos
- ✓ Retardos
- ✓ Desobediencia
- ✓ Inasistencia
- ✓ Visitas familiares y otras
- ✓ Temeridad

Es importante determinar las causas de esta clase de conductas para corregir el deficiente desempeño. La corrección de las faltas debe basarse en el principio de Efecto (Conocimiento de la falla). Causa (Investigación de los hechos y análisis de los motivos o razones) y Remedio (Decisión de tomar una acción correctiva)

sino se corrige la causa, las fallas continuarán. Eliminada la causa las fallas desaparecerán. Algunas de las causas más comunes son:

- Selección
- Mala selección
- Antecedentes de reincidencia
- Perfil deficiente
- Vacíos de Trabajo
- El Cargo
- Desconocimiento de funciones
- Descargo de funciones
- Falta claridad en las funciones
- Inducción deficiente.
- Deficiente entrenamiento.
- Trato discriminado.
- Recargo de trabajo
- Desconocimiento de la línea de autoridad.
- Supervisión
- Inapropiada o escasa supervisión
- Poca credibilidad o la rutina.
- Personalidad
- Falta de motivación
- Voluntad débil
- Carácter irresponsable
- Carácter débil i perezoso
- Temperamento voluble
- Descuidado con la familia.

4

LA ACCION DISCIPLINARIA

Otro campo de acción del supervisor es la acción disciplinaria derivada de sus atribuciones de mando y dirección. Algunas personas piensan que las sanciones son algo negativo y que es mejor una disciplina de tipo positivo. Cuando se tiene que sancionar a alguien, eso es negativo. Si se logra que un vigilante haga lo que debe hacer por medio de conversaciones y críticas constructivas, eso es positivo.

Todo supervisor comprende que imponer sanciones es algo muy desagradable. Después de todo lo que un supervisor desea es manejar a su personal dentro de la mayor armonía y rendimiento. Si es capaz de establecer una disciplina positiva mediante sus condiciones de liderazgo, nunca tendrá que recurrir a la disciplina negativa que es necesario imponer por medio de sanciones.

La aplicación de las sanciones debe ser progresiva. Las sanciones se hacen más fuertes cuando las faltas persisten o el vigilante se vuelve un reincidente inveterado. Esto no se puede permitir en bien de todo el cuerpo de vigilancia. El siguiente cuadro demuestra el orden aconsejable en la aplicación de sanciones.

LA DISCIPLINA PROGRESIVA

1. **Advertencia amigable**
2. **Llamada de atención oral**
3. **Llamada de atención formal escrita**
4. **Reprensión severa por escrito**
5. **Suspensión menor**
6. **Suspensión mayor**
7. **Despido**

En el campo de la acción disciplinaria es bastante conocida la norma de la **"Estufa caliente"**. Las cuatro hornillas ilustran los cuatro principios de una buena política disciplinaria: si las hornillas se hallan al rojo de la persona debe ser advertida que si la toca se quema; este es el principio de la **ADVERTENCIA**. Si toca la estufa se quema (castigo) de inmediato; este es el principio de la **INMEDIATEZ**. Cada vez que toque la estufa se quemará; este es el principio de la **CONSISTENCIA**. Cualquiera que toque la estufa se quemará, este es el principio de la **IMPARCIALIDAD**.

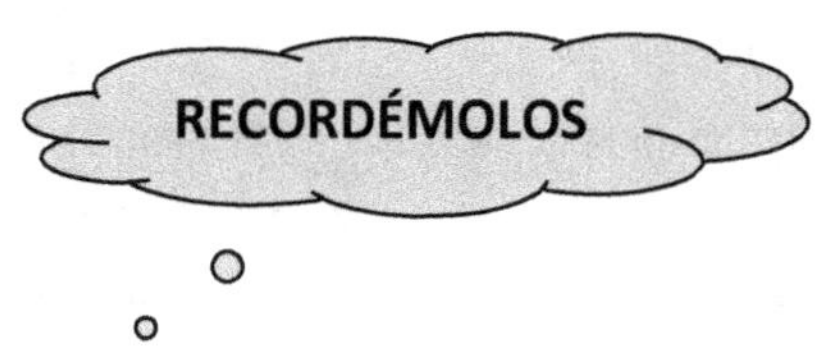

1. Advertencia
2. Inmediatez
3. Consistencia
4. Imparcialidad

SUPERVISION DEL PERSONAL

Eisenhower tenía una teoría simple pero cierta sobre la dirección de personal. "Extiende en el piso un cordón de su zapato: por una punta y observe qué distancia lo hizo recorrer. Ahora tómelo por una punta y tire, y verá lo fácil que es llevarlo hasta donde usted quiera." Es fácil mandar a las personas cuando todas están involucradas en los problemas y decisiones. Es muy difícil hacerlo cuando hay que empujarlas una por una para que cumplan los objetivos del trabajo.

Los supervisores han sido seleccionados por sus conocimientos y por una hoja de vida de realizaciones positivas. Pero, alcanzada esta posición, debe mantenerse preocupados por aprender a mandar y supervisar pues se trata de una habilidad que no es heredada, ni mucho menos innata. Debe aprenderse con dedicación, tenacidad y observación de los resultados.

CONSEJOS UTILES PARA EJERCER EL MANDO Y LA SUPERVISIÓN

Mantenga en mente el objetivo de su trabajo

Su trabajo es dirigir. Dirigir significa

administrar. La administración tiene varios factores componentes, tales como, el conocimiento de la gente, el entrenamiento y capacitación para labores específicas, el establecimiento de normas claras de operación, el empleo efectivo y económico de los recursos humanos y materiales, la atención de quejas y reclamos, la implantación de un sistema de reconocimiento y promoción por méritos, el conocimiento de las familias de los trabajadores y el control general conminas a lograr el cumplimiento de los objetivos de la organización.

2. Establezca claras normas de operación y comportamiento.

Cuando un trabajador llega a seguridad, lo primero que pregunta es: "qué es lo que me toca hacer". Para contestar esta pregunta, además de las conferencias del programa de inducción se deberá entregarle el manual de operaciones donde encontrará lo relacionado con su trabajo, con sus derechos, sus deberes y con las normas de comportamiento.

3. Entrene y capacite a su personal

El trabajador es la materia prima del departamento. La materia prima debe ser sometida a un tratamiento inicial, luego pasa el proceso de producción, para finalizar como producto terminado y salir a satisfacer las necesidades de la clientela.

El jefe de seguridad y los supervisores deben observar idéntico proceso. Al trabajador hay que prepararlo, ambientarlo en su trabajo, suministrarle los conocimientos y habilidades para el desempeño de su cargo y mantenerlo bajo supervisión para apoyarlo y ayudarlo en su tarea.

4. Trabaje para ser respetado, no para ser simpático.

No acepte favores de sus subordinados. No se coloque en la posición de tener que pagarlos con decisiones que afecten los intereses de la empresa, o la honestidad con que usted, debe desempeñar su cargo.

Está muy bien poseer un buen sentido del humor y hablar del trabajo, o de cualquier otro asunto cuando se halle reunido con su personal, pero siempre trate de mantener una distancia prudente colocando una línea entre la amistad y el deber.

5. No dude en pedir a sus hombres: recomendaciones, consejo y ayuda.

Una buena parte de las soluciones a los problemas cotidianos y a un buen grado de ayuda se puede seguir si Usted dedica una parte de su tiempo a consultar a sus subordinados. Cuando los consulte, escúchelos, déjelos hablar libremente y agradézcales su colaboración. Con esto logrará hacer un mejor trabajo, ayudará a la empresa y aumentará la confianza de sus subalternos.

Actuando así no necesitará empujar uno por uno a los vigilantes, sino que todos caminarán solos hacía el mismo objetivo.

6. Desarrolle el sentido de la responsabilidad

Cómo se hace?. Primero que todo permita libertad d expresión. Nunca utilice el sarcasmo y menos aún palabras de desprecio. Sus subalternos deben saber que pueden hablar sin temor a represalias. Aliente a cada uno de sus subalternos para que aprendan el trabajo de su superior. Cuando asigne una responsabilidad, delegue también la autoridad necesaria.

7. Ponga énfasis en los resultados, nunca en las reglas.

Asigne a una persona el trabajo por hacer y déjela que lo haga. Propenda porque el empleado mejore sus métodos de trabajo. Fíjele metas, busque un acuerdo sobre los objetivos y déjelo solo. Adviértale que en cualquier momento que lo necesite puede acudir a usted en busca de asesoría o consejo, pero una vez domine su labor, quítese del camino u déjelo trabajar.

8. Haga críticas constructivas, pero al mínimo

Cuando algo falte no dirija sus críticas hacía la persona que ha fallado. Primero infórmese bien de los hechos. Controle su temperamento. Mire los pros y los contras. Analice la otra cara de la moneda. Las suposiciones pueden desviar sus decisiones y causar daños irreparables.

Si usted considera que existen motivos justificados para llamar la atención a una persona primero elogie sus aspectos positivos, luego dígale en que falló indíquele la forma correcta de proceder y despídase en forma amigable. Pero ante todo perdone y olvide.

9. Atienda las quejas y reclamos de sus hombres.

Practique una política de puertas abiertas. Facilite a sus hombres el acceso a su oficina para que le cuenten sus problemas. Permítales exponer sus quejas abiertamente. Escuche pero no sea defensivo. Acabe con el papeleo para el trámite de quejas. Los problemas personales se solucionan personalmente. Cuando un empleado nuevo llegue al departamento infórmele sobre el procedimiento a seguir en reclamos.

10. Mantenga informado a su personal. Su personal debe saber en todo tiempo en que plano se hallan las relaciones con usted. Elogie a sus empleados cuando se lo merezcan.

Comuníqueles sus planes y hágalos participes de los problemas del departamento. Hágales saber cualquier cambio que pueda afectarlos, sobre todo si les va a producir preocupación o inquietud.

EL CLIENTE O USUARIO

El cliente o usuario es el punto focal de la actividad. Es el objetivo final, la piedra de toque del esfuerzo operativo y comercial.

Su manejo se basa en el establecimiento de unas relaciones mutuas y continuas mediante el lleno de ciertos pasos consecutivos que no se pueden obviar. Toda empresa de vigilancia, por lo general, cuenta con una persona dedicada al estudio del mercado y la competencia. Con base en los hallazgos y en el estudio pormenorizado de las oportunidades que procede a elaborar en el plan de oferta, que constará esencialmente de la selección de los clientes que mejor se ajusten a las capacidades y al sistema tarifario de la empresa.

SECUENCIA DE LA ATENCION AL CLIENTE O USUARIO

El estudio del mercado

La oferta inicial

La inspección preliminar

La carta atención.

El estudio de seguridad

La oferta final

La contratación

Las inspecciones periódicas

La asesoría permanente
Las encuestas de servicio

La oferta inicial es una introducción o simple carta en la que se demuestra al potencial del usuario la capacidad que tiene la compañía para satisfacer en forma eficiente sus necesidades de seguridad, las cuales serán determinadas mediante un previo estudio de las instalaciones y de las condiciones del servicio.

EL ESTUDIO DE SEGURIDAD DEBE ESTABLECER

El nivel de riesgo existente.
La necesidad de supervisión
El tamaño de la fuerza de vigilancia
Las necesidades de equipo

ASESORIA A LOS CLIENTES O USUARIOS

El servicio a los clientes no debe limitarse, como sucede con algunas compañías, a colocar los vigilantes, supervisarlos y pasar la cuenta de cobro. Esto es sólo una parte de su responsabilidad. El servicio debe mantener una permanente observación de los servicios para ajustarlos y mantener la eficiencia; la mejor manera es efectuando inspecciones periódicas, con frecuencia mínima trimestral para prestar asesoría al jefe de seguridad y al gerente de la empresa usuaria, basándose en los siguientes conceptos.

La seguridad es una función básica de la gerencia. Las compañías más seguras son las que han logrado un alto nivel de seguridad, a través de medidas apositivas de prevención ante que programa de seguridad improvisados.

La seguridad es un programa a largo plazo, planeada con suficiente

antelación y acorde con las necesidades de la organización.

La efectividad de un plan de seguridad. Depende de la implantación de normas eficaces que se cumplan y mantengan o s superen con el tiempo.

5

PLAN BASICO DE SEGURIDAD

01. Emergencias y desastres

Los departamentos deben mantener copia de los planes donde se establece procedimientos a seguir en casos de desastres naturales o artificiales, como huelga, secuestro, sabotaje, amenaza de bombas, terremotos, vendavales. inundaciones e incendios. Estos planes deben ser ensayados periódicamente (simulacros) según programa ordenado por la gerencia.

02. ISP- Investigaciones para empleo

Las referencias deben ser verificadas personalmente y, de posible, debe mantenerse contacto con las autoridades civiles, militares y de policía para asegurarse de los antecedentes de quienes van a ingresar los anteriores empleadores deben ser visitados pues en nuestro medio las cartas de recomendación o las llamadas telefónicas no son confiables.

03. Protección de la Información

Con base en la "Necesidad de saber "se establece el grado de acceso de los empleados según cargo y posición. La documentación confidencial debe guardarse en cajas fuertes con los registros de entrada y salida, y la firma de la persona que necesita utilizar la información clasificada.

04. La fuerza de seguridad

Los vigilantes deben ser entrenados antes de ocupar el cargo y deben ser supervisados en forma profesional. El porte de armas se hará en áreas y horas que lo justifiquen, según el criterio del jefe de seguridad. En emergencias es necesario incrementar la fuerza de seguridad.

05. Seguridad perimetral

La instalación debe ser protegida por una malla perimetral y las puertas de acceso controladas por vigilantes los muros perimétricos deben tener las ventanas protegidas internamente las áreas vitales deben estar iluminadas. En áreas extensas debe haber torres de vigilancia dotadas de reflectores y radios. No debe pasarse por alto el empleo de perros.

Durante el proceso es preciso insistir ñeque por encima de todo el supervisor debe ser objetivo, imparcial y justo. Debe dejar de lado los sentimentalismos, las preferencias o favoritismo, lo importante es tener una claridad suficiente sobre los hechos que está juzgando.

El supervisor debe captar esencialmente el punto de vista de los vigilantes y analizarlo con juicio y serenidad. Cuando los problemas se manejan de esta manera no debe sorprenderse si las quejas o reclamos resultan ser muy diferentes de lo que se veía a primera vista.

Para ser justos hay que estar dispuestos a aceptar las conclusiones lógicos, resultantes de los hechos. En algunas ocasiones, y teniendo en cuenta los antecedentes del reclamante, el supervisor tendrá que hacer algunas concesiones. No obstante si los hechos lo justifican tendrá que modificar sus opiniones para garantizar la justicia en sus decisiones

6
ÉTICA

LA MORALIDAD COMO FENOMENO SOCIAL

Referente a este tema de la moral como un fenómeno social queremos   presentar tres ideas principales que son:

a. El lenguaje moral
b. La utilización social de la moral
c. Lo universal del hecho moral, enfatizando su principal concepción.

LENGUAJE MORAL

La terminología moral es muy alta, entre muchos de sus términos tenemos. Moral e inmoral. Licito e ilícito, permitido y prohibido, honesto y deshonesto, ético y no ético, justo e injusto. Se le denominan virtudes y a las negativas vicios.

Estas dos citas nos enmarcan en la concepción de la moral que nos indican como hay una clasificación de valores a los actos humanos que originan una terminología sobre temas referentes a la moral. Definen a la moral como a la vida misma referenciándola como búsqueda y soporte de la realización humana a todo nivel.

LA UTILIDAD SOCIAL DE LA MORAL

La sociedad se vale de diferentes instituciones para mantener y reproducir sus patrones morales como: la familia, la escuela, el gobierno, la  religión, los masivos de comunicación.

La vida en sociedad necesita de normas que aseguren la paz y el orden entre los individuo que la forman para que los intereses particulares no atenten contra los intereses comunes.

Durante toda la existencia humana en cualquier sistema social que aglutine y organice al hombre en sociedad, se hace necesaria la implantación de un orden moral con unos patrones de comportamiento que den garantía y eleven a la vida humana a un estado de perfección. Estos principios entre muchos obedecen a nobles ideales o a derechos tales como respeto por el otro, a la educación, a la verdad, a la justicia.

Todos estos principios permiten al hombre vivir en sociedad pero no se puede vivir en sociedad pero no se puede desconocer la existencia de intereses particulares como lo ha mostrado la historia por parte de las clases dominantes de turno que establecen y orientan un orden moral, que consiste en burlar las normas morales siempre que no sea posible.

LO UNIVERSAL DEL HECHO MORAL

Lo que sucede con el lenguaje es que moral y moralidad han pasado a ser sinónimo de rectitud moral y consiguiente moral e inmoralidad sinónimos de falta de rectitud.

El ser mismo del hombre aparece desraizado al fenómeno moral, pero las diferencias entre los pueblos y los individuos mismos determina un relativismo moral de hecho, lo que es bueno para uno puede resultar malo para el otro y lo que es considerado bueno hoy no lo ha sido siempre.

DEFINICION DE MORAL Y ETICA

La moral es un conjunto de normas o reglas de comportamiento que establecen una distinción entre lo bueno y lo malo como criterio de perfección humana.

La ética es la teoría o ciencia que hace un estudio sistemático de la moral, para definirla y estructurarla como "Regla de Convivencia Humana".

Las normas o reglas de comportamiento que distinguen a los actos humanas que valoran su intención en la medida de su importancia para alcanzar un estado de perfección humana y de realización total, son los valores y principios fundamentales como el amor, la justicia, la verdad, y además las formas de convivencia o costumbres que permiten diferenciar lo bueno y lo malo de los comportamientos humanos, encaminados todos a servir al hombre para su total realización en búsqueda de su perfección.

PRINCIPALES TIPOS DE ETICA

Son muchos los diferentes estudios éticos elaborados por filósofos y estudiosos de todos los tiempos que soporta a una determinada teoría de la moralidad.

Cada sistema ético se acerca a la verdad en aquellos elementos de la realidad moral que privilegia y cuyo dinamismo de perfección es testimoniado por la historia.

A todos esos elementos valederos de cada realidad moral en cada una de las éticas seguidamente esbozados muy resumidamente, son los que debemos apropiar en aras de una búsqueda incesante de perfección y desarrollo humano pues en cada corriente ética con un objetivo de perfección busca dar elementos de valor al hombre para alcanzar su realización ya que en tan variadas actitudes criterios que defienden como medios de alcanzar los fines y metas últimos de realización y perfección. Hay diversidad de ideologías ya que en algunas defienden criterios como la felicidad, la virtud, el poder. Como las razones a fines últimos de cada una de sus concepciones éticas.

VALORES

Los valores son conceptos, elaboraciones

mentales para identificar y expresar cualidades propias de los seres.

Valor es la conceptualización de una relación de sentido positivo existente entre las cosas y algún campo de realización humana.

Aquí el desarrollo de un campo de interés humano, cobra sentido en la valoración de los actos que determina ese desarrollo en busca de un interés o satisfacción para el hombre como ideal de realización.

CARACTERISTICAS DE LOS VALORES
VARIACIONES DE LOS VALORES

Los valores cobran sentidos, pierden y ganan vigencia dependiendo de muchas como la cultura, la economía, la política. Son relativas al tiempo y al espacio.

POLARIDAD DE LOS VALORES

Los valores están estructurados en escalas de perfección, entre dos polos opuestos el positivo y el negativo.

El grado de valor que tiene una cualidad o relación de sentido positivo de una cosa, con relación a un campo de realización del hombre es muy subjetivo, depende de la apreciación y del grado de función estimativa de una persona o sociedad.

El valor moral como cualidad moral reside en la conducta del hombre

La conducta entendida como el conjunto de movimientos con que el

Hombre reacciona conscientemente frente a los estímulos del medio

En sentido que se siente preocupado por su perfección.

Los valores morales deben crear una conciencia del conocimiento orientado por la capacidad estimativa del hombre. La moral del hombre será liberada si es una guía que hace que nuestra conducta personalizante en todos nuestros actos.

Todos los valores que orientan el desarrollo de un hombre integral o sea que en todos sus campos de realización son importantes en la medida que participen en dar su apoyo al valor moral fundamental que es la misma vida, es definida como el bien moral fundamental.

LA CONCIENCIA

El hombre posee conocimiento reflejo de sí mismo, como sujeto de sus propios actos. Vive a la vez como objeto y sujeto de sí mismo.

La conciencia identifica al individuo como dueño de sus actos como juicios de valor sobre la bondad o maldad de su comportamiento, aceptándolo o reprobándolo.

EL DEBER Y LA LEY

El mantenimiento de una orden, establecida impone necesariamente deberes a quienes lo conforman. Pero si tal orden no se asienta sobre un valor real aceptado, no engendra ningún valor moral. Únicamente, engendra un deber social o civil que se impone por la fuerza de quien ostenta el poder.

El deber nace como un valor que impone una conducta humana en ambas se conjuga la moral y la ética de las conductas, pero en último término es la conciencia la que emite el juicio moral sobre una conducta humana.

LA CONDUCTA MORAL

Los actos son el objeto de la ética en busca de expresar al hombre una conducta responsable.

Una vida humana responsable se asienta sobre

una opción fundamental todas mis actitudes y mis actos cobran pleno sentido cuando estén definidas por un fin determinado.

ACTOS HUMANOS

ACTITUDES

Formas estables de comportarse frente a objetos o campos de realidad. Es una forma permanente de reaccionar contra algo. Es una disposición habitual. Estas acciones siguen los instintos o rasgos temperamentales innatos.

COMPROMISOS

El compromiso es el que capta la verdadera moralidad de las conductas, porque en el que se dan valores, opciones y aptitudes.

La conciencia moral es una conducta enriquecedora, cuando está sustentada por el sentido del compromiso.

ACTOS

Son expresiones de nuestra vitalidad. Nos expresamos a través de ellos. Un acto puede ser fruto de una opción de un compromiso.

SITUACION

En el modo estoy anclado en el mundo, corresponde a un sinnúmero de modalidades correspondientes a las interrelaciones mantenidas con el mundo.

Mis opciones, actitudes y compromisos, dependen en gran parte de mi situación y por ello es que mi conducta está condicionada por mi situación general.

ASPECTOS LEGALES EN EL CAMPO DE LA SEGURIDAD

- Hacer conocer al personal que labora en esta profesión los principales deberes y obligaciones que rigen la prestación de este servicio.

- Acatar la constitución, la ley y la ética profesional.

- Abstenerse de asumir conductas o actitudes reservadas a la fuerza pública.

- Actúe de manera que se fortalezca la confianza pública en los servicios que preste.

- Adoptar medidas de prevención y control apropiados y suficientes orientados a evitar que sus servicios puedan ser utilizados como instrumento para la realización de actos ilegales en cualquier forma, o para dar la apariencia de legalidad a actividades delictivas o prestar servicios a delincuentes.

- Mantener altos niveles de eficiencia técnica y profesional para atender sus obligaciones.

- Contribuir a la prevención del delito en colaboración con las autoridades.

- Observar el cumplimiento de las normas legales y procedimientos establecidos por el gobierno nacional.

- Utilizar los equipos y elementos utilizados únicamente para los fines previstos.

- Asumir actividades disuasivas o de alerta en los lugares donde estén prestando sus servicios, dando aviso inmediato a las autoridades competentes.

- El personal de escoltas que tenga conocimiento de la comisión de un delito o de hechos punibles durante el servicio o fuera de él, deberá de informar de inmediato a la autoridad competente y prestar toda la colaboración que requieran las autoridades.

- Prestar apoyo cuando lo soliciten las autoridades, con el fin de atender un caso de calamidad pública.

- Mantener actualizados sus documentos, credenciales, licencia de conducción, seguros, etc.

- Portar la credencial de identificación expedida por la Superintendencia de Vigilancia y seguridad privada.

- Salvaguardar la información confidencial que obtenga en desarrollo de sus actividades profesionales.

- Por ningún motivo abandonar el servicio contratado, sin previo aviso al usuario.

- No comprometerse en hechos que atenten contra las personas o los bienes que usted le brinda protección.

- Recibir capacitación técnica y la formación humana, de acuerdo en la modalidad de este servicio y el cargo que desempeña.

- Abstenerse de desarrollar actividades diferentes a las establecidas por la ley o utilizar elementos no autorizados.

- Evitar por todos los medios la pérdida o extravío de armas de dotación.

- La tenencia o porte de armas en lugares diferentes autorizados, serán causal de decomiso.

- El personal que utilice armamento autorizado, deberá llevar consigo la credencial de identificación y la fotocopia autentificada del permiso para porte o tenencia del arma.

Cualquier desafuero que cometan los escoltas contra la integridad de las personas, tendrán que responder por sus actos, sin tener ninguna consideración atenuante por sus escoltas.

Cuando se crucen un semáforo en rojo serán sancionados como cualquier persona que incurra en la infracción anteriormente mencionada.

11
RELACIONES HUMANAS

La comunicación

EMISOR

MEDIO RECEPTOR

CONFIRMACION DE LA INFORMACION

REQUISITOS PARA UNA BUENA INFORMACIÓN

- Atender activamente
- Presentación clara y oportuna del mensaje
- Ser concisos en el mensaje
- Ser veraz en la información
- Asumir actitud de diálogo

- Superhombre
- Relaciones del Hombre
- Mundo físico
- Necesidades del hombre
- Realización Personal
- Autoestima
- Identidad
- Relaciones Sociales
- Protección del ambiente
- Fisiológicas

> **EN NINGUN MOMENTO, NI EN NIGUNA IRCUNSTANCIA ES MAS SANO, ODIARSE A SI MISMO, QUE AMARSE A SI MISMO**

Este mensaje tiene relación directa, con el autoconcepto comprende las ideas referentes al valor personal, acompañándolo un sentimiento un sentimiento denominado "AUTESTIMA". Afirmándose que las personas que tienen una alta "Autovaloración" fluyen espontáneamente la integridad, honestidad, responsabilidad y el amor en toda su extensión.

Los individuos con alta autoestima sienten que son importantes, tienen fe en la propia competencia y en la toma de decisiones y tienen mayor capacidad para enfrentar problemas.

Estos sentimientos positivos se generan en el ambiente de trabajo donde se tienen en cuenta las diferentes individualidades, sea abierta como número uno de las relaciones humanas.

ASPECTOS QUE SE DEBEN TENER EN CUENTA PARA TENER UNA BUENA EVALUACION DEL TRABAJO DE VIGILANTE

ATENCION AL USUARIO

Orientación e información

Simpatía

Cultura

Paciencia

Disposición

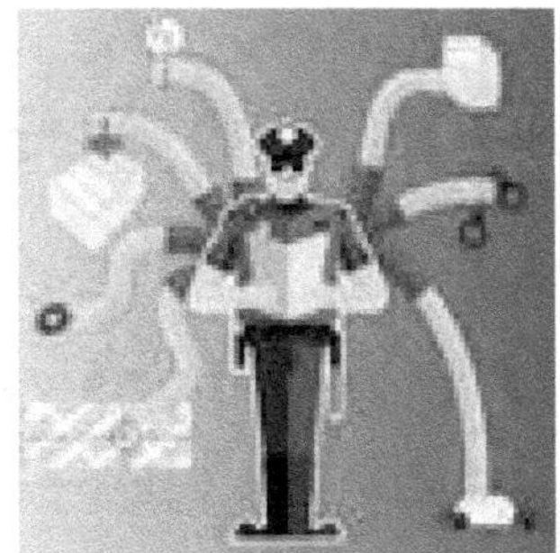

COMPAÑERISMO

Integración

Comunicación

Lealtad

Colaboración

PUNTUALIDAD

Cumplir horarios y turnos

PRESENTACION PERSONAL

Llevar el uniforme completo y limpio

INCIATIVA

Dar sugerencias y recomendaciones

DINAMISMO

Ejecución de tareas

Agilidad

Participación y apoyo en las actividades
que programe la entidad.

SENTIDO DE PERTENENCIA

Cuidar bienes y activos

Manejo adecuado de elementos de trabajo

Hablar bien de la Institución

Amor al trabajo

DETALLES PARA AGRADAR E INFLUENCIAR EN LOS DEMAS

- ◆ Haga que los demás se sientan importantes
- ◆ Manifieste interés cuando la otra persona habla
- ◆ Anime al otro a hablar de sí mismo, de sus intereses y de sus triunfos
- ◆ Tribute respeto por las ideas de los demás
- ◆ Elogie, sin ser extremista, las cualidades de los demás
- ◆ No haga críticas ni comentarios destructivos

- Sea positivo, colaborador, servicial
- Procure el diálogo, no la imposición
- Sea sincero, claro y conciso
- Hable de manera llana y sencilla
- Si se equivoca admítalo con naturalidad
- Evite la discusión
- Muestre siempre buen genio
- Sonría con naturalidad
- Recuerde el nombre de las personas
- Sea un buen oyente

ACTITUD
Es la manera de comportarme

APTITUD
Son las capacidades que poseo

BUENAS PALABRAS

BUENOS MODALES

BUENA PRESENTACION

LA TECNICA

LA ADMINSITRAITVA

LAS RELACIONES

MOTIVOS PARA DISPARAR UN ARMA

- Causas
- Justificables
- Fuerza
- Justificable
- Temor
- Justificable

CONDICIONES PARA EL USO DE ARMAS

- Asaltante se encuentra armado
- Condiciones de grave daño
- Asaltante cometiendo delito

8
PROCEDIMIENTOS DEL SUPERVISOR

Quien es un supervisor

Es aquella persona que está encargada de:

Coordinar el trabajo del personal de base o ejecución y que en seguridad privada corresponde a: vigilantes, escoltas, celadores, conserjes, conductores y recepcionistas.

- Mediante sus capacidades de liderazgo, hacer que los objetivos de la empresa de vigilancia se cumplan, en cuanto se refieren al trabajo de campo.

- Velar por la buena utilización y conservación de los bienes tanto de la empresa usuaria, como de la empresa de vigilancia.

- Establecer relaciones con los usuarios, vendiéndoles constantemente la idea de la buena imagen de la empresa.

CLASES DE SUPERVISOR
Supervisor fijo en bases :

- Seguridad petrolera
- Seguridad residencial
- Seguridad bancaria

- Seguridad canina
- Seguridad Industrial
- Seguridad comercial
- Seguridad portuaria

- Supervisor control de área (patrulla)

- Supervisor conductor (control de área)

- Supervisor coordinador (control de radio y facultades para cambio de dispositivo

-

PROCEDIMIENTOS Y FUNCIONES
1.- DEFINICION DE FUNCIONES

Son los deberes y obligaciones que debe cumplir un Vigilante, desde el momento en que inicia su contrato de Trabajo hasta su término, son normas de carácter permanente.

2.- CLASES DE FUNCIONES

GENERALES : Son las funciones de carácter general y permanente que se deben cumplir sin importar el puesto de vigilancia asignado. EJEMPLO: : Llegar con 15 minutos de anticipación a recibir el puesto. Esta función es tan válida para el Vigilante de un Banco como para el de un Centro Comercial o una empresa.

PARTICULARES : Son las funciones de carácter general y permanentes que debe cumplir un Vigilante de acuerdo al puesto de vigilancia asignado. EJEMPLO

: El Vigilante de un Banco debe abrir las puertas para atención al público a las 08:00 AM, el de un Conjunto residencial son las 24 horas abierto, el de una empresa el horario es el impuesto por la misma.

4. FUNCIONES GENERALES QUE DEBE CUMPLIR SUPERVISOR

FUNCIONES DEL SUPERVISOR

1. Recibir el puesto con anticipación, para enterarse de todas las novedades ocurridas en el turno anterior.
2. Efectuar el relevo ante el Jefe de Operaciones o en su defecto ante la persona asignada.
3. Asistir al relevo debidamente uniformado.
4. Recibir información sobre : - Instrucciones para el turno de Guardas de Seguridad entrante. – Personal para transportar. – Armamento para distribuir. – Documentación para entregar. – Cartas de presentación del nuevo personal.
5. Pasar revista de presentación personal del turno entrante.
6. Revisar el armamento, y radios, establecer las novedades y funcionamiento, registrando las novedades en las diferentes secciones y libro del Supervisor.
7. Revisar el vehículo asignado, si es de transporte de personal, dar instrucciones de distribución,

reacción y normas de seguridad durante el desplazamiento.

8. Reportar por radio la llegada a cada puesto de Vigilancia, las novedades y acción tomada.

9. Controlar la velocidad del vehículo sin infringir las normas de tránsito.

10. Presentar al usuario los nuevos G.S., efectuarles inducción.

11. Tomar contacto con las diferentes autoridades del sector.

12. Efectuar capacitación al personal

13. Realizar Estudios de Seguridad e inspecciones.

14. Tomar contacto esporádico con el usuario, conocer inquietudes y recomendaciones

15. Elaborar planes de Emergencias y asesorar al usuario en estos.

Funciones generales del supervisor

- Conocimientos técnicos del oficio
- Habilidades intelectuales
- Habilidades sociales

Conocimientos técnicos en cuanto a que debe poseer las aptitudes y saber desempeñarse como hombre de base, sumado esto a un grado de instrucción propio para desempeñarse en el cargo de supervisor.

Habilidades intelectuales, con el objeto de ser

acertado en las decisiones que continuamente deberá tomar. Estas están constituidas por las siguientes herramientas:

a) El proceso administrativo:

- Planeación
- Organización
- Programación
- Ejecución
- Control
- Evaluación

b) El proceso de selección de personal

- Entrevistas
- Pruebas o exámenes
- Vistas domiciliarias
- Cuadro de méritos o perfil
- Conocimiento del código laboral

c) Capacitación del personal

- Establecer conductas de entrada para el personal ejecutor
- Corrección de deficiencias mediante instrucción
- Programación de cursos de actualización y capacitación
- Traducir lo aprendido a la práctica

d) Evaluación del desempeño del personal de base

- Diligenciamiento de los formularios de evaluación
- Incremento de fortalezas

- Contrarrestar debilidades

e) Disciplina del grupo

- Motivación para el cumplimiento de funciones
- Conocimiento de normas laborales legales y reglamentos de la empresa
- Reglamento interno de trabajo
- Reglamento de higiene y seguridad industrial

Habilidades Sociales.- Es el desarrollo de destrezas que le permitan ser un supervisor exitoso en cuanto a:

- El trabajo en grupo
- Liderazgo
- Estilos de dirección
- Solución de conflictos
- Manejo del tiempo

Funciones específicas del supervisor de vigilancia

El supervisor es la persona que se halla en contacto directo y permanente con los vigilantes. Es la persona que conoce y controla la ejecución de los planes de seguridad de cada puesto y es por lo tanto la persona quien mejor está en capacidad de orientar, guiar, corregir y estimular a los hombres puestos bajo su mando y dirección, pero esto sólo lo consigue cuando él sea un modelo de ejemplo en toda ocasión de tiempo y lugar.

La autoridad del supervisor, proviene de tres fuentes:

a) Legal. Dada por las normas laborales para los cargos de dirección, confianza y manejo, mediante las cuales se convierte en representante del empleador.

b) Profesional. Dada por los conocimientos que tiene y que lo hacen apto e idóneo para desempeñar el cargo.

c) Moral. Está dada por la calidad humana del supervisor, que lo hace ser aceptado por el grupo como un líder.

Funciones propias del cargo

- Recibir el puesto por lo menos con 15 minutos de anticipación a la hora normal de ingreso con el fin de enterarse a cabalidad de las novedades ocurridas en el turno anterior.
- Relevarse ante el jefe de operaciones o ante el asistente del departamento.
- Asistir al relevo debidamente uniformado.
- Informar todas las novedades encontradas.

- Una vez relevado dirigirse a la Central de Operaciones para recibir informaciones sobre :

- Instrucciones para el turno que inicia
- Personal para transportar a los puestos
- Armamento para distribuir
- Documentación para entregar
- Cartas de presentación de nuevo personal ante el usuario

- Pasar revista de presentación del personal asignado al turno
- Establecer las novedades de armamento
- Registrar las novedades en el Libro del Supervisor
- Firmar el Libro de control de Armamento y municiones
- Informarse sobre la prioridad de la entrega de la documentación recibida.
- Revisar el estado de mantenimiento, aseo y funcionamiento del vehículo de patrulla.
- Ordenar embarcar en forma discreta ordenada y segura.
- Verificar el funcionamiento del radio y reportar su salida a la Central de Operaciones.

- Reportar por radio la llegada a cada puesto de vigilancia y las novedades encontradas, así como las soluciones y medidas tomadas.
- Ordenar al conductor mantenerse alerta y vigilante sobre cualquier amenaza mientras se hace el relevo.
- Controlar que la velocidad del vehículo no sea superior a los 60 kilómetros/hora. El vehículo nunca debe dejarse solo. El conductor debe responder por la seguridad de este.

Contacto con el usuario

Cada vez que lo considere necesario o conveniente, o reciba la orden de la empresa, entrará en contacto con el usuario para enterarse de sus recomendaciones, solicitudes quejas o reclamos. Sobre estos aspectos elaborará el correspondiente informe para el departamento de Operaciones. Por lo general, sin causar molestias a usuario, esto debe tratar de hacerlo tres veces en el mes.

Presentación de nuevos vigilantes
El envío de un vigilante nuevo requiere:

- Una carta de presentación de la empresa ante

el usuario

- Una entrevista con el encargado de seguridad para presentarle al nuevo vigilante
- Devolver la copia de la carta de presentación firmada por el encargado de seguridad al Departamento de Operaciones.
- Instalar al vigilante en su puesto de trabajo
- La entrega de consignas generales
- la entrega de consignas propias del puesto
- Exposición de los derechos y obligaciones de la empresa y el usuario
- Indicación de los riesgos y peligros del puesto y su vecindario.

Informes por infracciones o faltas
Deben ser:

- Imparciales
- Limitarse a informar en forma en forma clara y precisa los hechos
- No contener comentarios sobre responsabilidad si no se los han pedido
- Claros, concisos, precisos y reales
- Debe responder a los interrogantes básicos: QUIEN - QUE - COMO - CUANDO - DONDE - POR QUE.
- Leído en presencia del vigilante, quien debe firmarlo y anotar sus acuerdos y desacuerdos.

- Un testigo de los hechos deberá firmar para posterior aclaración de responsabilidades.
- Entregado en el momento del relevo al Departamento de Operaciones con destino al Departamento de Personal.

Siniestros y calamidades
Con alguna frecuencia el supervisor debe atender:

- Amenazas de bombas
- Explosiones
- Incendios
- Terremotos
- Vendavales
- Inundaciones
- Hurtos y hurtos calificados

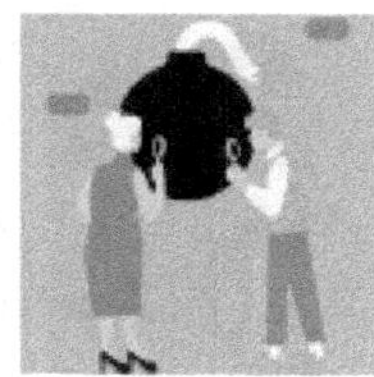

En estos casos el supervisor deberá:

- Informar de inmediato a la Central de Operaciones
- Dirigirse al lugar de los hechos y verificar que no se trate de una treta o engaño para realizar un daño mayor en otro lugar.
- Verificado el hecho, darle solución, con sus propios medios o solicitando los apoyos necesarios, informado detalladamente a la Central el alcance y la tendencia de los daños.

- Cuando se trate de delitos, se debe cuidar de preservar su escena o lugar de los hechos, para lo cual debe aislar la zona mediante cordones y llamar de inmediato a la Policía Nacional o a la Fiscalía.

Accidentes de transito
En este caso se procederá a:

- Informar a la Central de Operaciones
- Informar a las autoridades de tránsito
- No mover el vehículo hasta tanto no se haya levantado el croquis respectivo y el informe policial.
- Elaborar por parte del supervisor el correspondiente informe con destino al Departamento de Operaciones.

OTRAS FUNCIONES

- Excelente presentación y aseo personal.
- Mantener al día y portar los siguientes documentos : - Cédula de ciudadanía – Salvo - conducto del arma – Carnet de la empresa – Carnet del Radio(Si se requiere).
- El uniforme es para uso exclusivo del servicio, no se debe portar en la calle, ni para actos

sociales, mucho menos para ingerir licor o estar en establecimientos públicos.

- Cumplimiento en el horario de trabajo y de sus funciones, no retirarse del puesto hasta tanto el relevo no esté totalmente enterado de las novedades y uniformado completamente, llegar con 20 minutos de anticipación, para enterarse de las novedades.

- Una vez recibido el puesto de acuerdo a lo ordenado, se debe informar a la empresa.

- No ingerir ninguna cantidad y ningún tipo de licor antes de recibir el turno, como de igual, no entregar el puesto si el relevo aparenta haber ingerido licor.

- Conocer las funciones y consignas Generales y Particulares del puesto, como de igual, las normas internas de la empresa donde se presta el servicio.

- Tomar los alimentos en el tiempo autorizado para esta actividad.

- No dormir durante el servicio.

- No tener confianza con los empleados de la empresa al cual se le esté prestando el servicio.

- Tratar con cortesía a los empleados de la empresa al cual se le está prestando el servicio. Un saludo cortés sin mañoserías.

- No fumar y comer en horas de trabajo.

- Tener a la mano los teléfonos de emergencias y funcionarios de la empresa .

- Conocer al personal que labora en la empresa y sus funciones.
- Elaborar la minuta y libros de control de acuerdo a las normas de la empresa.
- No reciba el puesto cuando este enfermo, informe oportunamente a la empresa.
- No consuma droga alucinógenas, ni medicamentos recetados que tenga como contra indicaciones la actividad vigilante.
- No recibir visitas durante el servicio.
- No distraerse con periódicos, televisión, radio u otros elementos.
- Efectuar los reportes de acuerdo a lo ordenado.
- Inspeccionar las instalaciones al recibir el puesto.
- Recibir los elementos de dotación revisando su estado y funcionamiento, dejándolo consignado en la minuta. (ARMAMENTO – RADIOS – DOCUMENTACION – ACCESORIOS)
- Mantener en excelente estado de aseo y organización el puesto.
- Conocer las llaves de control de los servicios públicos y especiales que tenga su puesto.

- No permitir el acceso de personas que asuman ser autoridad, informe a la empresa, verifique la identidad y actividad que vayan a desarrollar, en especial durante la noche.
- Si tiene reloj de marcación, efectuar las rondas y marcaciones ordenadas.
- Cualquier crisis, alteración de las funciones del puesto, debe informar a la empresa, usuario y autoridades, el orden de prioridad para informar se puede cambiar.
- Bajo ningún pretexto se puede ausentar del puesto de vigilancia, si el relevo no llega, informar a la empresa y esperar que se haga presente, entregando el puesto con todas las normas.
- No perseguir delincuentes fuera del área de responsabilidad y mucho menos disparar su arma.
- Los tiros de advertencia son preventivos, se deben hacer con justa causa, si no existe las autoridades pueden decomisar el arma.
- Prohibido portar armas que no sean asignadas por la empresa para prestar el servicio, como tener munición de cuadre o personal en el turno, estas pueden ser decomisadas y el portador detenido.
- Cuando sea un Vigilante nuevo debe venir

acompañado del Supervisor quien le hará la presentación ante el usuario e inducirá en las funciones al nuevo Vigilante, si esto no se cumple verificar con la empresa la veracidad e identificación.

- Una vez entregado el puesto el Vigilante Saliente se debe retirar de las instalaciones, debe solicitar o informar si va a sacar algún elemento para que el entrante lo revise.

- El Carnet de la empresa y Superintendencia de Vigilancia, debe usarse exclusivamente para el servicio.

- Para el manejo de las armas aplique el decálogo de seguridad con las armas de fuego.

- No intervenga en asuntos externos de su área de responsabilidad.

9
Puestos de vigilancia

El puesto es el área determinada por la empresa para cumplir con la función de vigilancia, esta estará delimitada a las instalaciones y perímetros del usuario, sobre pasar las barreras o limites, acarreará sanciones disciplinarias y/ penales dependiendo la situación.

Clases de puestos

Los puestos de Vigilancia por su modalidad se clasifican en:

a. FIJOS : Se emplean cuando el puesto puede ser controlado u observado desde un mismo sitio y encontramos los siguientes puestos Fijos :

- PORTERIAS : Cuando se desarrollan actividades de control de personal, vehículos, mercancías, documentación

- GARITAS : Casetas elevadas, que sirven para la observación de un área determinada.

- CASETAS : Son a ras de piso, se puede efectuar controles determinados y observación.

b. MOVILES : Cuando el área por vigilar es bastante amplía o cuando por su construcción arquitectónica no permite la observación total y se emplean diferentes medios : **A PIE**: Cuando son rondas, distancias fáciles de recorrer. **VEHICULARES** : (Carro, Motos, Bicicletas) Cuando son zonas extensas, de igual, son las empleadas por los escoltas. **A CABALLO**: Cuando el área es extensa y la visibilidad mínima, especialmente en el campo. **BICICLETA**: Cuando Son zonas largas y requieren de movilidad.. **AEREA, FLUVIAL, MARITIMA y TERRESTRE** : Son la vigilancia que hacen las FF.AA y autoridades designadas para esta actividad.

c. COMBINADOS : Cuando por las características del terreno y arquitectura del área, se requiere efectuar controles, inspecciones y observación.

Los puestos de Vigilancia por el Numero de Vigilantes, se clasifican en :

SENCILLOS : Un Vigilante

DOBLES : Dos Vigilantes

PATRULLA : Dos o más Vigilantes

PUESTO:_______________________________________

FECHA:___________________

RESPONSABLE:_____________________________________

No	CONCEPTOS	CALIFICACION			OBSERVACION
		B	R	M	
01	PRESENTACION PERSONAL				
02	UNIFORME				
	CORTE				
	ASEO				
	EMBOLADA				
	INSIGNEAS/ DOCUMENTOS PERS.				
	ACCESORIOS (PONCHOS/OTROS)				
	EQUIPO DE DOTACION				
	ARMAMENTO				
	MUNICION				
	FUNDA				
	DOCUMENTOS ARMA/RADIO				
03	RADIO				
	BATERIAS RADIO				
	CARGADOR				
	LINTERNA				
	BATERIAS LINTERNA				
	OTROS				
	EQUIPOS ADICIONALES				
	DETECTORES ARMAS				
	DETECTORES (HUMO,GASES)				
	ALARMAS				
	CIRCUITOS CERRADOS TV.				
04	ESPEJOS				
	EXTINTORES				
	HIDRANTES				
	MANGUERAS				
	EQ. DEMOLICION (C/INCENDIO)				
	CITOFONOS				
	TELEFONOS				

No	CONCEPTOS	CALIFICACION			OBSERVACION
		B	R	M	
	BOTIQUIN				
	OTROS				
	PUESTO				
	PRESENTACION				
	ASEO Y MANTENIMIENTO				
	UTILES ASEO				
	BARRERAS PROTECCION				
	PUERTAS ELECTRICAS				
	PUERTAS MECANICAS				
	ILUMINACION				
	VISIBILIDAD				
No 04	CONTROL				
	CAMPO DE TIRO				
	INTERRUPTORES				
	TOMAS				
05	VENTANAS				
	DOCUMENTACION				
	MINUTA				
	CONTROL PERSONAL VISITANTE				
	CONTROL VEHÍCULOS				
	CONTROL DOCUMENTACION				
	CONTROL MERCANCIA				
	LISTA RESIDENTES/EMPLEADOS				
	TELEFONOS EMERGENCIA				
	FUNCIONES Y ACTAS PTO.				
06	INSTALACIONES				
	ILUMINACION				
	EXTERIOR				
	INTERMEDIA				
	INTERIOR (PUESTO)				
	PARQUEAREMOS				
	EDIFICACIONES				

	VIAS INTERNAS				
	CONTROL DE LA ILUMINACION				
07	CONTROLES Y PROCED/TO				
	PUERTAS DE ENTRADAS				
	PUERTAS DE SALIDAS				
	PUERTAS DE EMERGENCIAS				
	LLAVES				
	MALLAS/MUROS				
	BASUREROS				
	VISITANTES/CLIENTES				
	RESIDENTES/ EMPLEADOS				
	PROVEEDORES				
	SISTEMAS DE ALARMAS				
	ESPEJOS/OTROS				
	CAJAS / BOVEDAS/ REGISTRAD.				
	Z/A DE EMBARQUE/DESPACHO				
	PARQUEADEROS				
	ZONAS INTERMEDIAS/COMUNES				
	REQUISAS				
	RONDAS				
	ENTRADA MERCAN./DESPACHO				
08	PLANES DE EMERGENCIAS				
	EXISTEN LOS PLANES				
	LO CONOCEN TODOS				
	CAPACITACION				
	ENTRENAMIENTO				
	EQUIPOS				
	EXISTE SEÑALIZACION				
	HAY VIAS DE EVACUACION				
	EXISTEN SISTEMAS DE ALARMAS				
RIESGOS – AMENAZAS - VULNERABILIDAD					

No	CONCEPTOS	RESPUESTA			OBSERVACION
		SI	NO	MED	
01	CONOCE LOS RIESGOS DE SU PUESTO?				
02	CONOCE LOS FACTORES DE AMENAZAS DEL SECTOR?				
03	IDENTIFICA LOS FACTORES DE AMENAZA?				
04	CONOCE LAS VULNERABILIDA-DES DEL PUESTO?				
05	MINIMIZA EL RIESGO?				
06	MINIMIZA LA VULNERABILIDAD?				

RECOMENDACIONES Y TAREAS

____

____

____

SUPERVISOR: VIGILANTE:

_________________   _________________

Inspección de los puestos de vigilancia

- Asegurarse que el vigilante conoce las consignas generales y específicas del puesto.

- Inspeccionar la presentación personal y el porte del vigilante.
- Inspeccionar el estado de orden, aseo y presentación del puesto.
- Verificar el cumplimiento de las consignas
- Verificar el estado del armamento, munición, comunicaciones y dotaciones suministradas por el usuario.
- Establecer el correcto estado del equipo de invierno
- Verificar el correcto diligenciamiento del Libro de Minuta.
- Establecer que se cumpla la marcación de controles como el reloj de los puestos de recorrido.
- Determinar los puntos críticos del puesto y hacerlos conocer del vigilante.
- Determinar los procedimientos críticos y establecer métodos para controlarlos.
- Hacer un breve estudio de los riesgos del puesto y anotarlos en el Libro de Minuta para una frecuente consulta del vigilante.
- Crear en el vigilante la conciencia del conocimiento de los números telefónicos y la ubicación de los puestos de policía y bomberos, así como la de los vigilantes que

prestan servicio en su vecindario, para apoyarse mutuamente.

- El supervisor debe instruir al vigilante sobre las normas de respeto y cortesía que debe observar con respecto al usuario.

Dentro de la revista tomará nota de :

- Estado de las mallas, puertas, ventanas y cerraduras
- Estado de la iluminación y de los sistemas de alarma
- Cumplimento de las normas de control de acceso
- Autorización de parqueo de vehículos
- Fallas de seguridad que se detecten
- Elaborar un informe sobre novedades para que el Departamento de Operaciones tome las acciones más apropiadas frente al usuario.
- El supervisor en su labor de enseñanza y orientación, debe imponerse en forma diaria una tarea que puede ser un tema específico a tratar con el personal durante la revista de cada puesto. Los aspectos a tratar pueden ser los siguientes :

- **Lunes** : Aspectos técnicos de seguridad aplicables al puesto
- **Martes** : Forma de comportarse profesionalmente

- **Miércoles** : Relaciones Humanas y prudencia en las actuaciones
- **Jueves** : Forma de manejar los problemas personales y familiares
- **Viernes** : relaciones con el usuario
- **Sábado**: Métodos para conservar un buen estado físico y una buena salud.
- **Domingo**: Técnicas para una excelente presentación personal.
- **Lunes**: La legítima defensa.

El supervisor de patrulla (vehículo), cumplirá además las siguientes funciones :

Dirigir los desplazamientos dentro del recorrido

No rutinizarse en los recorridos

No emplear el vehículo para actividades de tipo personal propias ni del usuario, ni de sus empleados.

Observar con estricta exigencia las normas de tránsito y las tácticas de conducción defensiva.

Conocer diferentes vías de acceso y salidas de los puestos de vigilancia.

Programar los recorridos de tal manera que se ahorre tiempo y combustible, evitando las zonas congestionadas y de demasiados semáforos.

Registrar en las minutas cada visita con las observaciones a que haya lugar la fecha y la hora en que realizó.

Utilizar al tomar sus alimentos el tiempo acordado

con su empleador.

Reportar a la base cada vez que pase revista a un puesto

Constatar el nombre y el armamento en cada puesto

Controlar que el conductor cumpla con sus funciones y trate bien al vehículo

Evaluación del desempeño del personal

Para evaluar al personal se deben interrelacionar los siguientes factores:

- Conocimiento del evaluado
- Conocimiento del puesto donde desarrolla su actividad
- Funciones que se deben cumplir en el puesto
- Observación permanente

Objetivos de la evaluación

Analizar el comportamiento del vigilante

Comparar su rendimiento con puesto similares

Valorar sus esfuerzos de mejoramiento o acatamiento de las instrucciones recibidas.

Motivar al personal a un buen cumplimiento de su función.

Hacerlo partícipe de los esfuerzos de la empresa

por mejorar su situación laboral.

Conocer los conflictos de toda clase que pueda tener el vigilante y orientarlo sobre su solución.

Reforzar los aspectos positivos del vigilante y contrarrestar sus debilidades.

El supervisor debe basar su evaluación en la aplicación del método : CAUSA - EFECTO - REMEDIO, recordando que a los problemas hay que encontrarles :

✓ Su origen y sus síntomas

✓ Su desenlace y su tendencia

✓ Encontrar una solución definitiva, a la cual se llega sólo al eliminar las causas.

Generalmente para esta actividad las empresas tienen formatos de evaluación que el supervisor debe estudiar y aprender a diligenciar.

Guías para el buen supervisor

Las siguientes son unas guías que le ayudarán en el difícil arte del mando y la supervisión:

- Mantenga en mente el objetivo de su trabajo

Su trabajo es el de dirigir. Dirigir significa administrar. Para administrar se deben tener en cuenta los siguientes factores:

Conocimiento de los colaboradores

Entrenamiento y capacitación para la labor

Establecimiento del manual de funciones y procedimientos

Empleo de los recursos con eficiencia (mejor combinación y utilización económica) y eficacia (cumplimiento del objetivo).

Atención de quejas y reclamos tratando de que el quejoso, contra quien se quejan y la empresa queden bien.

Implantación de un sistema de reconocimiento de méritos

La supervisión está encaminada a lograr los objetivos de la empresa.

Trabaje para ganarse el respeto de sus colaboradores, no para ser simpático

- En lo posible no pida favores personales a sus colaboradores, para que no se comprometa.
- Sepa establecer una diferencia o una línea entre la amistad y el cumplimiento del deber. En la oficina observe un trato profesional, fuera de ella y del trabajo, anule los formalismos jerárquicos.
- No dude en pedir a sus subordinados recomendaciones, consejos y ayuda
- Quien está constantemente en un lugar, es quien sabe sus debilidades y sus fortalezas y sabe cómo dominar el entorno. Esa persona es

el vigilante, por eso es una de las personas más autorizadas para sugerir mejoramientos.

Ponga mucho énfasis en los resultados y poco en las reglas

Asigne a una persona el trabajo por hacer y déjelo que lo haga, fíjele metas y objetivos y déjelo solo, diciéndole que si lo necesita lo llame y luego quítese del camino y déjelo trabajar.

Infórmese bien de los hechos

- No critique a la persona que ha fallado
- Analice los pros y los contras
- Analice la otra cara de la moneda
- No suponga, constate
- En forma correcta y amigable, dígale a la persona en que falló
- Corrija sin herir; las cicatrices se demoran en sanar.
- Atienda las quejas de sus hombres

Practique una política de puertas abiertas

- Facilite a sus colaboradores hablar con usted
- Permítales que hablen abiertamente y no tome usted una posición defensiva

- En lo posible reduzca el papeleo y la tramitología

Mantenga informado a su personal

- Teniendo en cuenta el principio de compartimentación, comunique al personal los planes y objetivos de la empresa.
- Hágales saber oportunamente cualquier cambio que pueda afectarles, sobre todo si va a producirles preocupación o inquietud.

Quejas y reclamos

Las quejas y reclamos de los vigilantes son algo de diaria ocurrencia y es un aspecto que deben saber manejar muy bien los supervisores para asegurar un clima laboral armonioso. Un método para lograr un  tratamiento efectivo de estas situaciones es el siguiente:

a) **Investigue.** Los hechos para verificar la queja

b) **Escuche** Atentamente a quien se queja

c) **Obtenga Información.**- importante sobre el caso

d) **Asesórese.** De una persona de más experiencia, si fuere necesario

e) **Tome una decisión.**- Basada solamente en los hechos. Sea objetivo.

f) **Suministre una pronta respuesta.**- Al reclamante

g) **Registre la experiencia.-** Como antecedente para un nuevo caso.

Quejas más comunes y sus causas

A) Sobre salarios

- No recibo lo que merezco
- Devengo menos que otros que tienen menor capacidad y preparación
- Mi trabajo vale más de lo que me pagan

B) Sobre el sistema de pagos

- La liquidación no se entiende
- Frecuentes errores de liquidación
- Demora en arreglar los errores de liquidación

C) Sobre el supervisor

- No le agrado al supervisor
- El supervisor siempre me critica
- Mis errores se deben a falta de información del supervisor
- Mi supervisor sufre de favoritismo
- El supervisor no presta atención a mis quejas

D) Sobre las Operaciones

- Hay demasiadas normas y consignas
- Las órdenes no se anuncian con suficiente oportunidad y claridad

E) **Sobre promoción**

- No hay posibilidades de un mejor puesto en este empleo
- Promovieron a supervisor a otro con menos capacidades que las mías
- No existe un plan de promociones y ascenso por méritos

F) **Sobre el despido**

- La compañía fue muy injusta
- Lo que hice no merecía un castigo tan drástico
- Estaban buscando una excusa **para librarse de mí.**

G) **Sobre el puesto**

- Siempre me asignan el puesto malo
- Me quieren sacar del turno nocturno
- No deseo trabajar más en ese puesto
- He solicitado cambio hace mucho
- El usuario es un mal elemento

H) **Sobre las condiciones de trabajo**

- No existen suficientes lockers

- Es imposible tomar una ducha después del turno
- Mi puesto es insalubre, húmedo y muy contaminado
- No deberían dejarme en este puesto más de tres meses

La acción disciplinaria

La aplicación de las sanciones debe ser progresiva. Las sanciones se hacen más fuertes cuando las faltas persisten o el vigilante se vuelve reincidente. Esto no puede permitirse en bien de todo el Cuerpo de Vigilancia. El siguiente cuadro muestra el orden aconsejable en la aplicación de las sanciones.

a) Advertencia amigable
b) Llamada de atención oral
c) Llamada de atención formal escrita
d) Reprensión severa por escrito
e) Suspensión menor
f) Suspensión mayor

Despido (la ley laboral lo prohíbe como sanción). Se debe justificar como incumplimiento del contrato.

Los cuatro principios de la acción disciplinaria :

1. **Advertencia.-** Está dada por las normas y procedimientos

2. **Inmediación**.-   Si viola la norma se sanciona oportunamente

3. **Consistencia**.- Cada vez que se viole la norma, se sanciona

4. **Imparcialidad**.- Todo el que viole la norma debe ser sancionado

La función de control en la supervisión

El control constituye:

- Un proceso de revisión crítico y sistemático de las operaciones de seguridad

- Basado en un conjunto de normas , métodos y medidas coordinadas

- Con el fin de dar la mejor utilización a los recursos humanos y materiales

- Propiciando información de toda clase en forma oportuna, adecuada y segura

- **Para :**

♦ Promover la eficiencia operativa, conceptuando, recomendando, sugiriendo

Aspectos de carácter constructivo para la entidad y de gestión frente a la Misión y objetivos encomendados, estableciendo siempre la relación costo Beneficio.

- El mejoramiento continuo
- Estimular la lealtad hacia la empresa

Clases de control

De acuerdo a quien lo realice
- **a) Interno**: El que ejecuta cada uno de los supervisores dentro de su área
- **b) Externo**: Contratado por la empresa con terceras personas

- **c) De acuerdo al momento en que se realice**
- **d) Previo**.- Antes de poner en ejecución la operación, o de firmar contratos
- **e) Perceptivo**.- Durante la ejecución del contrato
- **f) Posterior**.- Es el análisis de los resultados

De acuerdo con su naturaleza
- **a) Financiero**.- Establecimiento de la relación costo/beneficio y de la elaboración aritmética de las cuentas, facturas, nóminas, etc.
- **b) De Gestión**.- Es el establecimiento del efecto que tuvo la administración de los recursos y la diligencia que tuvo el supervisor para hacerlo con eficiencia, eficacia y economía.
- **c) De información**.- Cómo utiliza el supervisor la información que le da la empresa, el usuario y los colaboradores, para la solución de conflictos y el mejoramiento del servicio y

cómo recolecta y presenta los datos que debe suministrar a la empresa.

RECUERDE ENTONCES

El control es:

1. **Fijar un sistema de información.**- qué datos críticos se requieren
2. **Cuándo y cómo.**
3. **Desarrollar estándares.**- fijar que es lo que se quiere, cual es la situación deseada, que porcentaje de cumplimiento se espera.
4. **Medir los resultados.**- determinar que tanto se cumplió y/o se incumplió.
5. **Tomar medidas correctivas.**- reajustar planes, asesorar, replantear.
6. **Aprobar o improbar.-** incrementar fortalezas, neutralizar debilidades.

10
SELECCIÓN DEL SUPÈRVISOR DE SEGURIDAD

Si hacer una selección adecuada para el cargo de vigilante es una tarea dispendiosa y difícil de ejecutar, cuando se trata de seleccionar a los supervisores la situación se complica un poco más sin embargo, dada su finalidad el proceso debe seguir los mismos pasos observados durante las etapas del proceso de selección de los vigilantes.

La selección del supervisor debe hacerse en forma personal, la verificación de antecedentes no debe limitarse a la simple llamada telefónica, sino que el jefe de personal o en su defecto el psicólogo tiene la obligación profesional de visitar a los referenciantes y a los antiguos empleadores. De estas entrevistas resultarán con toda seguridad nuevas personas que es necesario visitar.

La visita domiciliaria es un paso que no se puede omitir en tratándose de seleccionar a un supervisor. La visita al lugar de residencia, la entrevista con los familiares, el conocimiento del vecindario. Una charla con el dueño de tienda de la esquina, el conocer la cantina más frecuentada, una audiencia con el sacerdote o pastor del lugar, una pasada rápida por el puesto de salud y por el puesto de policía, arrojarán muchas luces sobre la personalidad, el comportamiento y la conducta del futuro empleado.

FUNCIONES GENERALES 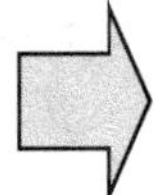 **NORMAS DE DESEMPEÑO**

06. Recibir el puesto por lo menos con 15 minutos de anticipación a la hora normal de ingreso con el fin de enterarse a cabalidad de las novedades ocurridas en el turno anterior.
07. Relevarse ante el jefe de operaciones.
08. Asistir al relevo debidamente uniformado.
09. En el momento del relevo informar todas las novedades.
10. Una vez relevado se dirige a la central para recibir información sobre:

    Instrucciones para el turno de vigilancia entrante

    Personal para transportar a los puestos

    Material de armamento para distribución.

    Documentación por entregar.

    Cartas de presentación de nuevo personal ante el usuario.

11. Pasar revista de presentación del personal asignado al turno.

12. Revisar el armamento y municiones y establecer las novedades.

Registrar las novedades en el libro del supervisor.

Firmar el libro de control de armamento y municiones.

11. Informarse sobre la prioridad de entrega de la documentación.

12. Revisar el estado de mantenimiento y aseo de la patrulla.

13. Ordenar embarcar en forma discreta, ordenada y segura.

14. Verificar el funcionamiento del radio y reportar su salida.

15. Reportar por radio la llegada a cada puesto de vigilancia, las novedades encontradas y las soluciones o medidas tomadas.

16. Ordenar al conductor mantenerse alerta y vigilante.

17. Controlar que la velocidad del vehículo no sea superior a 60kph.

CONTACTOS CON EL USUARIO

18. Cada vez que lo considere conveniente o necesario, o cuando reciba la orden de la

empresa entrará en contacto con el usuario para enterarse de sus recomendaciones, solicitudes, quejas o reclamos.

PRESENTACION DE NUEVOS VIGILANTES

a. Debe tener en cuenta que el envío de un vigilante nuevo requiere una carta de presentación de la empresa ante el usuario.

b. El supervisor solicitará la entrevista con el encargado de la seguridad para presentación. La copia debe ser firmada por el usuario y devuelta al departamento de operaciones.

c. Una vez cumplido lo anterior, procederá a instalar al vigilante en su puesto de trabajo. Le hará entrega de las consignas generales, le informará sobre las consignas propias del puesto, le abrirá el libro de minuta y le hará ver las obligaciones con la empresa y el usuario; además le indicará los riesgos o peligros del puesto y su vecindario.

AUTOR

RAFAEL DARIO SOSA GONZALEZ

Oficial de la reserva activa del Ejercito Nacional. De COLOMBIA.

Después de su retiro ha desempeñado los siguientes cargos: director de Seguridad en Servicios (INDUSTRIAS ARETAMA Ltda.). Jefe de Seguridad (COLTANQUES Ltda.). Director Operaciones (MEGASEGURIDAD LA PROVEEDORA Ltda.) Gerente (Propietario) ESCUELA NACIONAL DE VIGILANTES Y ESCOLTAS (ESNAVI LTDA.), Coordinador Proyecto Seguridad Aeronáutica (COSERVICREA Ltda.), Coordinador de Seguridad Proyecto Aeronáutica (COLVISEG Ltda.).

 En el área de la docencia: se ha desempeñado como Docente en el Instituto de seguridad Latinoamericana (INSELA Ltda.) Docente de la Escuela Colombiana de Seguridad (ECOSEP Ltda.) Como Consultor Seguridad, Asesoró en Seguridad en Empresas como: ADRIH LTDA, POLLO FIESTA Ltda., SEGURIDAD ATLAS Y TRANSPORTE DE VALORES ATLAS Ltda., SEGURIDAD SOVIP Ltda.

Entre los estudios realizados: Diplomado en Administración de La Seguridad (UNIVERSIDAD MILITAR NVA GRANADA), Diplomado en Seguridad Empresarial (UNIVERSIDAD SAN MARTIN-ACORE):Diplomado Sociología para la Paz, Derechos Humanos, negociación y Resolución de Conflictos (CIDE-CRUZ ROJA COLOMBIANA-ACORE) Diplomado en Gestión de la Seguridad

(FESC-ESNAVI Ltda.) ,Programa maestro en Seguridad y Salud Ocupacional(CONSEJO COLOMBIANO DE SEGURIDAD), Liderazgo Estratégico en Dirección , Gerencia Estratégica en Servicio al Cliente(SENA) , Curso Seguridad Empresarial (ESCUELA DE INTELIGENCIA Y CONTRAINTELIGENCIA BG. CHARRY SOLANO), curso de Seguridad Electrónica básico (A1A), Curso Analista de Poligrafía (Pfisiólogo Poligrafista) Poligrafía Basic Voice Store Análisis (DIOGENES COMPANY), entre otros.

Adicionalmente se encuentra desarrollando Programa de entrenamiento para COACHES en INTERNACIONAL COACHING GROUP (ICG) Y DIPLOMADO PARA COACHING CRISTIANO (METODO CC).

Propietario de la Empresa Security Works www.sewogroup.com. Empresa al servicio de la seguridad y vigilancia privada en Latinoamérica. Actualmente se desempeña como director general SECURITY WORK S.A.S.

AUTOR: 20 Libros Colección de Seguridad entre otros Vigilancia Básico, Avanzada. Escolta Básico, Manual de Manejo Defensivo, Manual de Medios Tecnológicos, Manual Prevención Secuestro, Manual del Supervisor. Impresos con la Casa Editorial Security Works de Venta en todos los Países de Habla Hispana.

Visite: www.sewogroup.com

Representantes y Distribuidores

http:/amazon.com

Colección Seguridad Privada
Securityworks
Protección Integral